伝道ブックス86

念仏は人間に何を与えるのか

一楽　真

表紙デザイン　ツールボックス

目次

【凡例】

・本文中の真宗聖典とは、東本願寺出版（真宗大谷派宗務所出版部）発行の『真宗聖典』を指します。

・引用文中の傍線は筆者によるものです。

はじめに

新型コロナウイルスが感染拡大する中、あちらこちらで訊かれたことの一つに「仏教は、この現実問題にどう応《こた》えるのか」ということがありました。これは、この病気をどうにかしてくれないかということを期待する声であるわけです。しかしながら、それだけではなくて、こういう問題に仏教はどう応答するのかという問いでもあります。

そのような中で、法然上人《ほうねんしょうにん》（一一三三～一二一二）、親鸞聖人（一一七三～一二六二）が本当に大事になさった「南無阿弥陀仏」、念仏申すという教えが、昨今、甚だわかりにくくなっているということがあります。これらの課題を踏まえ、私なりに、念仏申すとはどういうことなのか、「南無阿弥陀仏」は我々人間に何を与えるのかということを考えたいと思い、「念仏は人間に何を与えるのか」という題を出させていただきました。

口に「南無阿弥陀仏」を称《とな》えても何にもならない。こういう批判すらお寄せいただくことがあります。そのような中で、親鸞聖人は「南無阿弥陀仏」をどう考えていたのか。これをあらためて尋ねてみたいと思います。

一　仏との出遇い

まず、「仏との出遇《であ》い」ということについてお話をさせていただきます。これはどういうことかと言いますと、念仏というのは「仏を念《おも》う」「仏を念ずる」という字を書きますが、果たして仏を知っているのかという問題なのです。仏を知らずに仏を念うことはできないわけです。ところがよくよく考えてみますと、「南無阿弥陀仏」と称えることもそうですが、仏に遇ったこともないにもかかわらず、私は仏を念じていますとか、仏を信じていますということをおっしゃる方があります。それはどういう仏を信じておられるのか。どういう仏を念じておられるのか。そこを確かめないとそもそも念仏ということ自体が成り立たないということを親鸞聖人は教えてくれていると思います。

ですから結論的なことを言いますと、口で「南無阿弥陀仏」という発音をすれば念仏だということにはならないということです。そこに念《おも》われている仏は、本当の仏なのかということがあります。こういう問題が念仏の前提にあるのです。

■阿難に起こった出遇い

一つの例として、お釈迦様の弟子でありました阿難《あなん》(アーナンダ)のことをご紹介したいと思います。

大谷大学の響流館《こうるかん》というう建物を入ったところに、本校の卒業生でもありますす畠中光享《はたなかこうきょう》先生の絵が掛けられています。ゴーダマ・ブッダがお歩きになっている絵で、ブッダの後を歩いているのが阿難です。いつもお釈迦様に随《したが》って旅のお供をしていたという方であります。旅のお供をしていますので、お釈迦様がお話をされる時にはいつも隣にいるわけです。ですから、阿難は一番お釈迦様の説法を聞いた人として「多聞《たもん》第一（多く聞くこと右に出るものはない）」の弟子というふうに言われていました。

ところが阿難は、お釈迦様のお心になかなか気づけないのです。どういうことかと言うと、お釈迦様があまりにも立派でしたので、阿難は、自分は到底及ばないと思っていたのです。

お釈迦様は、誰もが迷いを超えて生き生きと生きる道を説こうとしています。人間が迷い苦しむのには法則がある。それを超えていくにも法則がある。その法則を見出されて説いておられたのがお釈迦様なのです。ですから、お釈迦様は個人的な能力で覚《さと》ったとか、経歴がすごいとか、そういう話では全くないわけです。

にもかかわらず阿難は、お覚りを開くなんていうのは自分には夢のまた夢だ、到底及ばない、仏陀《ブッダ》になんかなれるはずはない、こういうことをずっと思っていたのです。ですから、お釈迦様がいくら「あなたも仏になるんだよ」と呼びかけてくださっても、私は無理だと思っていたわけです。

これは、人間的には謙虚かもしれません。「俺も仏になるんだ」と言うよりは、「私なんか到底無理です」と言うほうが謙虚な話かもしれません。しかしそれは、お釈迦様からすれば、「ああ、阿難にはまだ通じないか。まだわかってもらえないか」という思いをずっと抱えておられたと言えます。

そのような阿難があらためてお釈迦様に出遇い直し、その本当のお心に気がついたということを書いているのが、『仏説無量寿経《ぶっせつむりょうじゅきょう》』（親鸞聖人は「大無量寿経」と呼びます）です。親鸞聖人は、『教行信証《きょうぎょうしんしょう》』の「教巻《きょうのまき》」に次のように引いておられます。

大聖《だいしょう》、我が心に念言《ねんごん》すらく、「今日、世尊《せそん》、奇特《きどく》の法に住したまえり。今日、世雄《せおう》、仏の所住に住したまえり。今日、世眼《せげん》、導師の行に住したまえり。今日、世英《せよう》、最勝の道《どう》に住したまえり。今日、天尊《てんそん》、如来の徳を行じたまえり。去来現《こらいげん》の仏、仏と仏とあい念じたまえり。今の仏も諸仏《しょぶつ》を念じたまうこと、なきことを得んや。何がゆえぞ威神《いじん》の光、光いまし爾《しか》る」と。（中略）仏の言《のたま》わく、「善いかな阿難、問えるところ甚《はなは》だ快し。深き智慧、真妙《しんみょう》の弁才《べんざい》を発《おこ》して、衆生《しゅじょう》を愍念《みんねん》せんとして、この慧義《えぎ》を問えり。如来、無蓋《むがい》の大悲をもって三界《さんがい》を矜哀《こうあい》したまう。世に出興《しゅっこう》する所以《ゆえ》は、道教を光闡《こうせん》して、群萠《ぐんもう》を拯《すく》い、恵むに真実の利をもってせんと欲《おぼ》してなり。

（『教巻』所引『大無量寿経』、真宗聖典一五三頁）

「大聖」とはお釈迦様のことで、これは阿難が語っているのです。「今日」ということですが、「今日のお釈迦様はいつもと違いますね」ということを五回繰り返しています。「今日」が五回出てきます。今まではとは違う見方でお釈迦様を仰ぎ直したということです。それをまとめると、最初の傍線部分の「去来現の仏、仏と仏とあい念じたまえり」ということになります。「去」は過去、「来」は未来、「現」は現在です。過去・未来・現在の仏様というのは、お互いに念じあっておられるのですね、ということです。

そして「今の仏」、これは目の前のお釈迦様のことですが、「お釈迦様もたくさんの仏を念じておられたのですね」というふうに言ったのです。これは何気ない言葉ですが、今まで阿難はお釈迦様をどう見ていたかと言ったら、お一人の素晴らしいお方として、仏陀は上のほうにおられると思っていたのです。しかしそのお釈迦様は、実はあの方も仏になる、この方も仏になる、昔にも仏はおられた、今現在もほかの世界に仏はおいでになると、たくさんの仏（諸仏）を念じているお方だったわけであります。

特に大乗仏教では、過去の仏様ということを非常に大事にします。お釈迦様から仏教が始まったというのではなくて、お釈迦様の前にもたくさんの目覚めた方がおられたという過去の仏という思想が出てきます。それから現在も、他方仏というかたちで、インドだけでなくてほかの世界にもたくさんの仏がいらっしゃるということも言います。未来の仏と言うと、有名なところでは弥勒菩薩《みろくぼさつ》という方が今現在も修行中でありまして、五十六億七千万年の後、お釈迦様の次にこの世にあらわれて仏になってくださるという思想もあります。

ただそれだけでなく、お釈迦様は目の前にいる阿難も必ず未来に仏になる存在だとご覧になっているわけです。阿難は、自分は能力が足りない、全然ダメだと思っています。しかしお釈迦様は、「あなたも仏になる存在なのですよ」とご覧になっている。つまり、迷っている人間もただ迷っているというふうにご覧にならないのがお釈迦様なのです。必ず迷い苦しみ傷つけあうことを超えて、仏として人生を完結していく。こういうことを念じておられたのがお釈迦様なのです。

ですから阿難は、自分が完全に勘違いをしていたということに気がつくわけです。お釈迦様の位置までのぼるのに、どれだけかかるのかわからない。どんな修行をしなければならないのかわからない。到底自分には無理だと思っていた。この思いが砕けたのが、仏との出遇いであります。自分の思い計らっていたこと、自分が予定していたこと、自分の考えで固めていたこと、もう少し言えば思い込み・決めつけ、これが砕かれるというかたちで起こるのが「仏との出遇い」の中身なのです。これまでも阿難はお釈迦様の顔を見ていましたし、何遍も、誰よりもお話を聞いていました。しかし、本当の意味で仏とは出遇っていなかったわけです。あらためて出遇い直した、これがここの物語です。

　お釈迦様はそれを聞きまして「あなたの問うたところはとっても大事だ」と言って、自分の一番の願いを語る。それが次の傍線部分「如来、無蓋《むがい》の大悲をもって三界を矜哀《こうあい》したまう。世に出興する所以《ゆえ》は、道教を光闡《こうせん》して、群萌《ぐんもう》を拯《すく》い、恵むに真実の利をもってせんと欲《おぼ》してなり」です。「我」と言ってもいいのですが、ここは「如来」と言っています。それは、お釈迦様お一人でなくて、「ありとあらゆる如来は迷い苦しむ衆生を救うためにこの世にあらわれたのですよ」ということを意味しています。この世の中に出てきた理由は、仏道（仏教の教え）を開きあらわして群萌を救い、恵むために真実の利をもってせんとおもうからであると言っています。

これは順序が大事です。阿難が気づいていない時にお釈迦様が、たとえば「今日は誰もが仏になる法を説くぞ。誰もが仏陀になる道を説くぞ」と言ったとしましょう。でも阿難は、私なんかは無理だと思っていますから、遠慮をしてしまいます。お釈迦様が言ったことですら聞かないわけです。それぐらい自分の中にある思い込みがきついのです。これはなかなか厄介です。ですから仏と出遇うというところに初めて、仏教は始まると言わなければならない。逆に言えば、本当の出遇いがなければば、全部思い描いたものにすぎません。「仏さんとはこんなお方だ」、「こんな救いをくれるに違いない」…、全部思い込みです。これが砕けるのです。如来出世の大事（本懐《ほんがい》、正意《しょうい》）を知った阿難、これが仏教のスタートだと言わなければならないと私は思います。

親鸞聖人はこの「仏との出遇い」を『教行信証』の冒頭のところに引用するわけです。これがないところには、たとえ仏教用語をいくら駆使していても、それは仏教と関係がないということなのです。仏教的な装《よそお》いをもって語っていても、それは迷い傷つけあうことを超える道とは無関係ということです。

■出遇いの難しさ

もう一つ、同じ「教巻」に引かれる『平等覚経《びょうどうがくきょう》』の言葉を見てみましょう。

『平等覚経』に言《のたま》わく、仏、阿難に告げたまわく、「世間に優曇鉢樹《うどんばつじゅ》あり、ただ実ありて華あることなし、天下《てんげ》に仏まします、いまし華の出《い》ずるがごとしならくのみ。世間に仏ましませども、はなはだ値《もう》うことを得ること難《かた》し。

（「教巻」所引『平等覚経』、真宗聖典一五四頁）

「優曇鉢樹」というのは三千年に一度咲くと言われる優曇華《うどんげ》の花で、

極めて見ることが難しいお花、遇うことができないお花であります。それをたとえに出して、仏に遇うというのはそれぐらい難しいということを言っています。

傍線部分「世間に仏ましませども、はなはだ値《もうあ》うことを得ること難し」、これは、お釈迦様がお出ましになった時代（今から二千五百年前のインド）にたまたま巡り合わせなかったから、仏と出遇い難いという意味ではありません。お釈迦様がおられても遇えないということがあるということを言っている言葉なのです。

仏に出遇えないと、背《そむ》くことすら起こります。その一人に「提婆達多《だいばだった》」という方がおられます。この方お一人だけではありませんが、仏陀に背いた方としてたいへん有名です。先ほどの阿難のお兄さんとして伝える文献もあります。ですから兄弟でも違うのです。弟の阿難は遇えました。お兄さんの提婆達多は遇えずじまい。そういうことがあるのです。

これはたいへん大事なところです。たとえ目の前にお釈迦様がいても、仏に遇えないということがある。二千五百年前のインドに生まれれば仏教がわかったのにという、そんな話ではないということです。当時のインドに生まれても、仏教に遇えずじまいということがあるのです。

私は授業後、学生さん達にどんなふうに伝わったか確認するために感想文を書いてもらっていますが、この話をさせてもらった時の感想文に、「お釈迦様も百発百中ではなかったのですね」と書いてありました。なるほどと思いました。しかし、そうなのです。お釈迦様に出会った人全員が、お釈迦様のお心をわかったわけではないのです。出会いながら、背く人も出た。そういうこともあるのです。本当に出遇うということはそれほど難しいのです。

お釈迦様が、たとえば人の心に手を突っ込んで悩みを抜くのならば、お釈迦様が救い主です。でもそうではないのです。本人が目覚めていく、その後押しをする。そのためにいろいろなお言葉をメッセージとして届けてくださる。これが、お釈迦様ができるところなのです。その言葉を手がかりに目覚めるかどうかは、厳しい言い方ですけれども、一人ひとりの責任なのです。これを阿難と提婆達多という兄弟がよくわかるかたちで見せてくれた。これは、私はたいへん大きいことだと思います。

二　阿弥陀仏との出遇い

「仏との出遇い」が仏教の出発点だと申しあげましたが、お釈迦様はこのことを明確になさる中で、「阿弥陀《あみだ》」という名前を大事になさいます。

インドのもともとの仏教に詳しい方の中には、「阿弥陀なんていうのは後から出てきた教えだ」ということをおっしゃる方もいます。「ほかから流入してきた他宗教の影響もあった」ということもおっしゃいます。そういうことも、もちろん私は否定するつもりはありません。

ただ、お釈迦様の一番言いたかったことは何かと言ったら、お釈迦様一人が偉い方ではないということです。誰もが仏になる法則・道筋を説いてくださっている方ですから、「その法に出遇いなさい」ということを勧めてくださるのがお釈迦様なのです。お釈迦様は、「阿弥陀に出遇え」と勧めてくださったわけです。なぜかと言ったら、お釈迦様に会ったからといって迷いを超えられないからです。お釈迦様の顔を見て救われるのであれば、「私のところに来い」「私を見ろ」と言うのでしょうが、そんなことは言わなかった。「阿弥陀に出遇え」というふうにおっしゃる。「阿弥陀」というのはインドの発音を漢字に写していますが、意味は「無量寿（分量で量《はか》れない寿《いのち》）」と訳されます。また、「無量光（分量で量れない光）」とも訳されます。

我々は日頃いつも分量で量っています。勝ったか負けたか、得か損か。

ひどい場合には生きている価値があるかないかということまで量ってい
ます。しかしお釈迦様が見せてくださった世界は、どんな命も誰とも代
われない、どんな命にも尊さがある世界です。これをインドの言葉では
「阿弥陀」というわけです。

阿難がお釈迦様に出遇ったということと同じことが、時代を超えて、
国が違っても、誰の上にも起こるということを残してくださった。これ
が、「阿弥陀に出遇う」ことを勧められたお釈迦様の教えであります。

■「阿弥陀」の名を勧める釈尊

次に二つのお経の言葉を見ていただきたいと思います。一つは、先ほ

どの『大無量寿経』の最後の部分です。説いた教えが未来に伝わっていくように、広く世界に届いていくように、流通していくようにという願いをもって説かれている部分で、「流通分《るづうぶん》」と言われています。

仏、弥勒《みろく》に語りたまわく、「それ、かの仏の名号を聞くことを得て、歓喜踊躍《かんぎゆやく》して乃至《ないし》一念することあらん。当《まさ》に知るべし、この人は大《だい》利《り》を得《う》とす。すなわちこれ無上の功徳を具足するなり。

（『大無量寿経』流通分、真宗聖典八六頁）

初めの「仏」というのはお釈迦様です。釈尊が、自分の次にこの世の迷い苦しむ衆生を救う、大乗仏教で大事な役割を担う弥勒菩薩に対して、傍線部分「それ、かの仏の名号を聞くことを得て、歓喜踊躍して乃至一念することあらん」とおっしゃったというのです。阿弥陀のお名前を聞くことを得て、そこに歓びをもって、たった一遍でも念仏することがあったとしよう、と言っています。「乃至」というのは十乃至二十とか百乃至二百というふうに間をとる時に言います。一から五なら一乃至五です。ですからここでは、たった一遍でもということです。たった一遍でも阿弥陀を念ずることがあるならば、その人は大きな利益を得る。「無上の功徳」を具《そな》えるというわけです。

おもしろいのは、未来の衆生の救いを担う弥勒に対して「あなたは自分流にやりなさい」とは言わないところです。「大事なのはここですよ」「要《かなめ》はここにありますよ」ということを「阿弥陀の名前を聞きなさい」という言葉で残していかれた。私どもからすると、釈尊の遺言のように聞こえてまいります。お釈迦様が大事にしておられる世界を、「阿弥陀」の名前を通していただいていけるのです。

「阿弥陀」とは、物差しで量れない世界を私たちに伝えるための言葉です。日頃、良い悪い、勝った負けたにこだわっている私たちに対して、「そんな物差しでは量れない世界があることを忘れてはいないか?」と呼びかけてくる。それが阿弥陀の名前、言葉の持っている力であります。

ご家庭のお内仏《ないぶつ》に名号のご本尊《ほんぞん》がある方もおられると思います。大谷大学の講堂の正面にも、親鸞聖人が大事にした「歸《き》命《みょう》盡《じん》十《じっ》方《ぽう》無《む》碍《げ》光《こう》如《にょ》來《らい》」という、「南無阿弥陀仏」の意味を十字の言葉であらわしたご本尊が彫られてあります。そのもとは、こういうお経にあるのです。「名号を聞く」、名前を聞くという、ここが大事なのですが、聞くとなるとまたいろいろな詮索がおきます。本当に聞いているのかどうか。お経をたくさん読んだ人のほうが聞く度合いが深いのではないか。こういうことが出てきます。私たちは比べる根性が抜けないものですから、阿弥陀の話を聞いても、阿弥陀の世界に触れても、また比べ合う。そういう私たちに対して、あえて「聞く」という言葉を奥に引っ込めて、「名前を称えるだけでいい」と勧めたお言葉が、この『大無量寿経』を受けて『観《かん》無量寿経《むりょうじゅきょう》』に出てまいります。

『観無量寿経』では人間の在《あ》り方を九通りに分けまして、この人にはこういう道があり、この人にはこういう道があると、いろいろな道筋を示してくださっています。世間ではいろいろな生き方の違いがあります。善を積み上げてこられた人もある。社会的にものすごく業績を上げてこられた方もある。そういう縁がなくて、一生懸命生きようと思いながらも傷つけ合うことばかりしてきたという生き方もある。しかし大事なのは、「誰の上にも、阿弥陀と出遇いさえすれば道は開ける」と言っているということです。九通りの在り方を挙げて、そこから阿弥陀との出遇いによってどんな人にも道は開けるのだということを言う。それが、

『観無量寿経』で九通りの人の在り方を勧められていることの大事さです。これを「九品《くぼん》」と言います。

一見、お経が人間をランクづけしているようにも見えますが、一言で言うなら「誰もが平等に救われますよ」と言えばいいわけです。ですが、私たちは「誰もが平等に救われますよ」と聞いても、「いや、あんな立派なことをしてきた人と私とは違うでしょう」とか、「あれだけ仏教に詳しい人とお経を読んだこともない人とは違うでしょう」と、こういうことになります。そのような意見に対して、この人にはこういう道があり、この人にはこういう道があると、一つひとつ具体例を挙げてくださっているのがこの九通りの人の生き方なのです。大事なのは、どこにでも阿弥陀との出遇いがあるということです。阿弥陀との出遇いによって道が開かれるわけです。ですから、一言で「みんな助かるよ」と言ってもうなずかない人間を見越して、こういうランクづけがあるようなかたちで説いているわけです。

その九通りの在り方の一番上は「上品《じょうぼん》」、そして「中品《ちゅうぼん》」、「下品《げぼん》」とあります。そして、それぞれに「上生《じょうしょう》」・「中生《ちゅうしょう》」・「下生《げしょう》」がありまして、合計で九通りになるわけですが、この最後に出てきます「下品下生《げぼんげしょう》」を取り上げたいと思います。これは、今までに善を作《な》すような縁に遇わなかった人です。

仏、阿難および韋提希《いだいけ》に告げたまわく、「「下品下生」というは、あるいは衆生ありて、不善業《ふぜんごう》たる五逆・十悪を作る。もろもろの不善を具せるかくのごときの愚人《ぐにん》、悪業をもってのゆえに悪道に堕《だ》すべし。多劫《たこう》を経歴《きょうりゃく》して、苦を受くること窮《きわ》まりなからん。かくのごときの愚人、命終の時に臨みて、善知識《ぜんじしき》の、種種に安慰《あんに》して、ために妙法を説き、教えて念仏せしむるに遇わん。この人、苦に逼《せ》められて念仏するに遑《いとま》あらず。善友《ぜんぬ》告げて言《い》わく、「汝《なんじ》もし念ずるに能《あた》わずは、無量寿仏と称すべし」と。かくのごとく心を至して、声をして絶えざらしめて、十念を具足して南無阿弥陀仏と称せしむ。仏名を称するがゆえに、念念の中において八十億劫の生死《しょうじ》の罪を除く。

（『観無量寿経』下品下生段、真宗聖典一二〇〜一二一頁）

初めの「仏」はお釈迦様です。そのお釈迦様が、阿難と『観無量寿経』の直接の対告衆《たいごうしゅう》（説法の聞き手）である韋提希《いだいけ》に対してお告げになりました。

「不善業《ふぜんごう》」とは、わかりやすく言えば悪です。傷つけ合うような生き方をしてきた。不善業の第一番目、殺生《せっしょう》をするなという戒《いまし》めを破って殺生をして生きてきた。嘘をつくなと言われても嘘をついて生きてきた。そういう人間関係を壊していくような在り方（十悪）を作ってきたわけです。ただ、この人は不真面目でそうなったのではないのです。

「もろもろの不善を具せるかくのごときの愚人《ぐにん》」とあります。悪を作ったのですから「悪人」と書いてもよさそうですが、ここは「愚人（愚かな人）」と書いてある。つまり、一生懸命に生きる中で傷つけ合ったり苦しめ合ったりすることを免れなかった、そういう在り方なのです。お経は非常に厳密だと思います。悪を作ったから「悪人」と言ってもよさそうですが、そういう縁・境遇の中を生きて、そして苦しみを作り続けてきた「愚人」と言っているのです。その人は、命が終わってもその苦しみからは解放されないだろう、とてつもない長い時間をかけて苦しみを受け続けることは終わりがないであろうと言っています。

そのような「愚人」が、初めて仏教のこと、お釈迦様や阿弥陀の世界のことを教える人に出遇ったのです。その人のことを「善知識」と言っています。ところが、念仏させようとするのだけれども、念仏できないのです。まずこの場合の「念仏」は、心を静めて心に仏様の世界・阿弥陀の世界を思い浮かべること、比べなくてもいい世界・量らなくてもいい世界を思うことです。ところが、今まで作ってきたことにうなされ、苦しくて仕方がない日々の中で、念仏できないのです。余裕がないのです。

そうしましたら、傍線部分「汝もし念ずるに能わずは、無量寿仏と称すべし」と「善友《ぜんぬ》」が言います。「善友」は善き友、おそらく善知識が善き友となってという意味だと思いますが、ここに「称名《しょうみょう》念仏」ということが言われます。念仏というのは仏に出遇ったところから始まるわけなのですが、その仏を念ずることがなかなか難しい時には口で名前を称えるだけでよいと、阿弥陀の名前を称えてくださいと勧めたと言うのです。心を落ち着ける余裕がない時は称える、称名が大事だと言っているのです。

その後の傍線部分「十念を具足して南無阿弥陀仏と称せしむ」、十遍ほど南無阿弥陀仏と称えさせたわけです。そうしますと、今まで作り続けてきたこの罪、それに追いかけられること、うなされること、これからの解放があると言われています。

ただ、この罪が除かれるということが、過去にやったことがきれいさっぱり消えてしまうというふうに聞こえるとよくないです。これも結論的なことを言っておけば、自分がやったことを本当に受け止めることができるようになるということです。自分は一生懸命生きてきたつもりだったけれども愚かなことになっていた、幸せを求めながら自分で地獄を作っていたという自覚がそこに起こり、罪に追いかけられることから解放されるということです。自分の過去を隠したり、自分の過去を偽ったり、そういうことからの解放という意味で、「罪を除く」を読まなければならないと思います。

ですから、この人は決して今まで仏教を学んだり修行をしたりしてきた人ではないのです。命が終わる最後の最後に念仏を勧めてくれる方との出遇いがあって、阿弥陀の世界を初めて知り、そこに私は私として命を完結していける、人生を尽くしていけるということが起こると言われているのです。阿弥陀さんが目の前に出てきたとか、そんなことまでは言われていないのです。名前を称えただけです。しかし、名前を称えるところに、「そんな世界があったのか！」という出遇いがあるということを示唆しているわけです。

三　称名念仏の意義

　ここを大事になさったのが法然上人であります。法然上人までの間には『観無量寿経』を大切に受け止めたたくさんの方がおられますが、中国に『観無量寿経』をたいへん重要視なさった善導大師《ぜんどうだいし》（六一三～六八一）という方がおられて、法然上人はそのお心を受け止めたのです。法然上人に先立って、日本では源信僧都《げんしんそうず》（九四二～一〇一七）という方も非常に大事な役割を担っておられます。そういう先に生きられた方があって、この阿弥陀の世界は法然上人に伝わってくるわけです。阿弥陀の世界が大事だということをお釈迦様がお勧めになり、善導大師がお勧めになり、源信僧都の書いた書物などを通して法然上人はお釈迦様のお心に出遇っていくことになります。

法然上人が、称名ということで特に注意するのは、心を集中しないといけないとか、雑念があってはいけないとか、念仏にはそのようなイメージがあるかもしれませんが、いろいろな思いが湧いていてもいいということです。だいたい「無念無想」ということ自体が、人間には無理難題ではないでしょうか。「無念無想」ということを目指せば目指すほど、今度はそれに執着するかもしれません。だから、いろいろな雑念があっても構わない。「阿弥陀」という名前を通して阿弥陀の世界をいただいていくこと、思い出すことが大事なのだということです。これが法然上人の受け止めになります。

■法然上人がかかげた専修念仏（ただ念仏）

法然上人がお経に遡《さかのぼ》って称名念仏がいいと選んだのではなくて、阿弥陀仏自身が称名一つでいいということを我々に与えてくださった、残してくださったという、阿弥陀の心を尋ねていくことが上人の主著『選《せん》択《じゃく》本願念仏集《ほんがんねんぶつしゅう》』に出てきます。その中の一節を、ここでは挙げたいと思います。法然上人のかかげた「専修念仏《せんじゅねんぶつ》」、一般には「ただ念仏」という教えであります。

当《まさ》に知るべし、上の諸行等を以て本願と為したまわば、往生を得る者は少く、往生せざる者は多からん。然れば則ち弥陀如来、法蔵比《ほうぞうび》丘《く》の昔、平等の慈悲に催《もよお》されて、普《あまね》く一切を摂せんが為に、造像・起塔等の諸行を以て、往生の本願と為したまわず、唯《ただ》称名念仏の一行を以て、其の本願と為したまえり。

（『選択本願念仏集』本願章、『真宗聖教全書』一、九四五頁）

「諸行」というのは念仏以外の行です。何か一つ条件をたてれば、できないと言う人が出てくる。それに対して、「称名念仏」というのは一人ももらさない、どこでもできる、どんな状況でも成り立つのです。阿弥陀との出遇い、仏の世界との出遇いなのです。法然上人は、これを大事に受け取ったわけです。それを阿弥陀仏ご自身のお心として、傍線部分「弥陀如来、法蔵比丘の昔、平等の慈悲に催されて、普く一切を摂せんが為に」と言われるのです。一人残らずすべてのものをおさめとりたい、一人ももらさないという心から選ばれたのが称名です。諸行の代表が挙がっていますが、「造像」というのは仏像を造ることです。「起塔」というのはお堂を建てることです。仏像を作ったり、五重塔を建てたりすることが、仏教界の中でも善根功徳《ぜんごんくどく》として奨励されていたわけでしょう。しかし、法然上人ははっきり言っています。それは、お金のある人はできるかもしれないけれども、ない人はもれてしまう。仏教というのは、特定の人だけに成り立つものではないのです。

仏教は誰の上にも平等に開かれている、これが、お釈迦様が説こうとした法則です。誰の上にも成り立つ道なのです。それを阿弥陀の名前でお釈迦様は残してくださったわけです。その根本を、法然上人は何か一つの条件づけをすればもれる人が出る、もらさないのがこの称名念仏だという意味で、次の傍線部分「唯《ただ》称名念仏の一行を以て、其の本願と為したまえり」というふうに断言しました。これは法然上人が、称名念仏がいいと言って選んだのではなくて、阿弥陀仏自身が選択したのです。「選択《せんじゃく》本願の念仏」なのです。阿弥陀仏の本願において選択された念仏です。「一人ももれない道がある」ということです。これは、お釈迦様が語ろうとしていた根本の心と通じ合っています。

お釈迦様は誰の上にも成り立つ迷いを超える道を説こうとなさった。それが釈尊の出世本懐だというお話をしました。しかし受け手側、聞く私たちのほうは「そんなことがあるはずはない」と言うわけです。これは現代でもやっぱり言われます。「誰もが平等に救われるなんて、そんなことはきれいごとだ」と言われる。あるいは「理想かもしれないけれども、そんなことはあり得ない」と言われます。「誰もが平等に救われるなんていうことは甘い」というふうに言われるのです。

しかしながら、仏の世界と我々が日頃生きている物差しで量る世界、これは質が違うのです。質の違う仏の世界に触れたところに物差しから解放されるということがある。そこに経歴や能力は関係がないのです。生まれた家柄や性別も関係がないのです。仏教の知識があるかないか、そんなことも関係がない。これを法然上人は、称名念仏一つで誰もが救われるというかたちでかかげたわけです。誰をも分け隔《へだ》てすることなく、迷いを超える仏教であります。

ただ、これがまた誤解を招きます。人間というのはいろいろな先入観がありまして、称名念仏となると、「そんな呪文みたいなことを口で言って何になるのだ」とよく言われます。次に訊かれるのが、「何回称えたらいいのですか」、あるいは「声の大きさはどれぐらいですか」、あるいは「お経をちゃんと読んでからの念仏のほうが本当ではないですか」

などです。せっかく法然上人が誰をももらさない道をかかげたのに、そのことが見えなくなっていくということが起こるわけです。

実際に法然上人という方は、日に六万回の念仏を欠かさなかったと言います。最晩年には七万回になったと言います。「南無阿弥陀仏」と一秒に一回称えても、七万回というのは二十時間かかります。つまり、ずっと称え通しだったのが法然上人という人なのです。ただそれは、回数を重ねてこれぐらい称えたら良いことがあるだろうという意味ではありません。法然上人は阿弥陀の世界をすぐに忘れる「愚かな自分」ということを自覚していた。称え続けないといけない自分だということをよく知っていたわけです。阿弥陀の世界を忘れると、人を見てすぐにあの人は敵か味方か、役に立つか立たないかと判断します。でも、阿弥陀の世界を念ずる時に、そういう物差しで量っていることがいかに愚かであったかということに気づかされる。それを忘れない、思い出し続けるのが、「南無阿弥陀仏」と六万回あるいは七万回称えていた法然上人の姿だったと思います。忘れるからこその念仏なのです。

ところが法然上人のお弟子の中には、法然上人の七万回にはとても及ばないけれども三万回ぐらいは頑張ろうという人が出てくるわけです。すると、どういうことが起こるかおわかりですね。三万回頑張っている人は、法然上人には負けるけれども一万回のお前よりは上だと必ずやるでしょう。これはもはや阿弥陀を念ずることとは無関係です。口でいくら「南無阿弥陀仏」という音を出していても、阿弥陀の世界を念じているわけではありません。自分を誇っているだけなのです。

四　呼びかけとしての称名念仏

「南無阿弥陀仏」という、比べなくてもいいという世界を聞きながら、比べることに陥《おちい》っていった。こういう状況を見ていたのが親鸞聖人という人です。法然上人が「称名念仏」をかかげてくださった。これは非常に大事です。どんな者にも道はあるということを教えてくれた。ところが、それがまた人と比べ合う材料になってしまった。親鸞聖人は、そういうところから念仏の意味をもう一遍確かめ直すということをするのです。

■諸仏の称名

親鸞聖人は称名念仏を「諸仏の称名」というふうに言います。「諸仏の称名」とは何のことか。称名というのは今までお話してきたように、「私」が仏の名を称えることです。心を落ち着けられないのであれば口で「南無阿弥陀仏」と称えるだけでもいいと、「私」の実践項目とされてきたはずです。ところが、「私」ではなくて、たくさんの仏様が称えてくださる、阿弥陀を讃《ほ》めたたえる声だというふうに称名念仏を位置づけ直すのです。『教行信証』「行巻《ぎょうのまき》」の冒頭には次のようにあります。

大行《だいぎょう》とは、すなわち無碍光如来《むげこうにょらい》の名《みな》を称するなり。この行は、すなわちこれもろもろの善法を摂し、もろもろの徳本を具せり。極速《ごくそく》円満す、真如一実の功徳宝海なり。かるがゆえに大行と名づく。しかるにこの行は、大悲の願より出《い》でたり。（中略）諸仏称名《しょぶつしょうみょう》の願、『大経』に言《のたま》わく、設《たと》い我《われ》仏を得たらんに、十方世界の無量の諸仏、ことごとく咨嗟《ししゃ》して我が名を称せずは、正覚《しょうがく》を取らじ、と。已上

また言わく、我仏道を成るに至りて名声《みょうしょう》十方に超えん。究竟《くきょう》して聞こゆるところなくは、誓う、正覚を成らじ、と。衆のために宝蔵を開きて広く功徳の宝を施《せ》せん。常に大衆《だいしゅう》の中にして説法師子吼《ししく》せん、と。抄要

（「行巻」、真宗聖典一五七頁）

最初の傍線部分に「大行とは、すなわち無碍光如来の名《みな》を称するなり」とありますが、大行というのは、誰が称するとは書いてありません。だから、これは私が称えることだというふうに考えても大丈夫なのです。「誰が」と書かない。ここに親鸞聖人の意図が隠れているわけです。結論的に言うと、これは誰が称えてもいいのです。その声が私に届いた時に、「阿弥陀の世界に南無せよ」という呼びかけとしての意味を持つことが大事なのです。

私は田舎にお寺をお預かりしておりますが、そこの御同行《どうぎょう》が、四歳の孫娘さんの「南無阿弥陀仏」と称えたその声がかわいらしかったというお話を同朋会《どうぼうかい》でしてくれたことがありました。ただ同時に、そのお孫さんの声を聞いて、私はこんなに素直に念仏をしたことがあるだろうかと思ったと言われました。当然ながら、その四歳のお孫さんが「じいちゃん、どんな思いで念仏していますか?」と吟味したわけではありません。しかし、そのお孫さんの「南無阿弥陀仏」という声がそう聞こえたということは、これは仏からの声として聞こえるということがあるということです。誰が称えてもいいと言ったのは、誰かが称える声にハッとさせられるということが起こるということです。

「阿弥陀仏に南無してください」「阿弥陀の世界を大事に生きてください」、こういう呼びかけが「南無阿弥陀仏」なのです。それを親鸞聖人は確かめるために、諸仏が阿弥陀仏の名前を称える願として次の傍線部分「設《たと》い我仏を得たらんに、十方世界の無量の諸仏、ことごとく咨嗟《ししゃ》して我が名を称せずは、正覚を取らじ」を『大無量寿経』から引いておられます。「咨嗟《ししゃ》」とは讃《ほ》めたたえるということです。

これは阿弥陀仏が仏になる前に、私の名前をたくさんの仏様によって讃めたたえられたいと言っているわけです。これは名誉を求めて讃めてほしいと言っているのではなくて、讃めたたえることを通して阿弥陀という存在が全世界に届いていくようにということです。阿弥陀という名前を通して、物差しで量る必要のない阿弥陀の世界が迷い苦しむ人の上にはたらいていくからです。だから「諸仏の称名」、諸仏の称える声というのは阿弥陀の存在を全世界にひろめていくというはたらきを持っているということです。そういうふうになりたいと誓っている。これが諸仏によって私の名前が讃められたいという、この願いの要であります。親鸞聖人は続けて、次の傍線部分「我仏道を成るに至りて名声十方に超えん。究竟して聞こゆるところなくは、誓う、正覚を成らじ」を引いています。聞こえないところがないようにしたいと言っています。言葉が全世界に届いていく、その言葉がはたらきを持つという、ここを大事になさるわけです。

法然上人が「称名念仏」をかかげたというのは、「どんな者ももれないよ」「誰も分け隔てないですよ」「誰の上にも成り立つ道がありますよ」ということでした。その中身は、音を出せば何とかしてもらえるという話ではないのです。新型コロナウイルスのことで言えば、ウイルスが退散するという話ではないのです。そうではなくて、現実に向き合う時に自分の都合の良し悪しだけで見ていたこと、それからの解放があるということなのです。

阿弥陀の救いということは、私の思いはからいからの解放、分別からの解放、こうでなければならないと決めつけていた執着からの解放というふうに言っていいと思います。「南無阿弥陀仏」を称えれば、新型コロナウイルス感染症で問題になっている現実が劇的に好転するという話ではありません。それにどう向き合うかということです。好きか嫌いか、都合が良いか悪いかと言っていたことからの解放があるということなのです。

称名念仏の中に、仏からの呼びかけを聞くというところを、親鸞聖人は大事におさえていくことになります。「では初めから名前を聞くと言ったらいいではないか」とおっしゃる方があるかもしれませんが、それはまた聞いた度合いを比べて、私の方が深いとか言い出す人間がいるものですから、分け隔てのないことを「称名」というかたちであらわしているのです。称名念仏の中身は阿弥陀の世界にうなずくということであるのです。諸仏が咨嗟し称する言葉（声）を通して、阿弥陀と出遇う。これが、親鸞聖人がこの「大行」を「諸仏の称名」というかたちでおさえることの意味であります。

実際に親鸞聖人も、法然上人が「阿弥陀の世界は大事だよ」と言ってくれたから、親鸞聖人に先立って阿弥陀の世界に出遇っている人が勧めてくれたから、その声を通して阿弥陀に出遇えたわけです。法然上人もそうでした。善導大師を通して阿弥陀の世界に出遇っていきました。自分に先立って出遇っているという歴史があった、阿弥陀の世界を証明してきた人々がいたということが「諸仏称名」の具体的な中身であります。

それを通して阿弥陀自身の呼び声を聞くという意味で、もう一つ言葉を紹介します。

「南無」の言《ごん》は帰命《きみょう》なり。（中略）ここをもって、「帰命」は本願招《しょう》喚《かん》の勅命《ちょくめい》なり。

（「行巻」、真宗聖典一七七頁）

これは親鸞聖人の言葉です。「帰命」というのは命令に従う、命令に帰すという意味ですが、これはインドの発音では「ナモ（namo）」です。その「帰命」というのは、「私が帰命します」と言うのに先立って一人ももらさないと誓ってくださっている阿弥陀仏の本願が我々を招いてくださっている、呼んでくださっている、絶対命令だという意味で「勅命」だというふうに書いてあります。「勅命」というのは中国由来の言葉で、皇帝の命令を意味します。

親鸞聖人は天皇・上皇の命令で流罪《るざい》にあった人です。「僧侶を辞めろ」

というふうに言われた。しかし親鸞聖人は僧侶の資格はなくなりましたけれども、仏教徒として生きることはやめませんでした。「私の国を生きていってください」という本願の命令を一番大事なこととして生きていった人が親鸞聖人という人です。勅命という語が用いられているのは、一番大切な命令だということを暗示している言葉だと私は思っています。「私が阿弥陀に南無します」という前に、阿弥陀が「我に南無せよ」「私の世界を生きよ」と命令してくださっている、その声を聞くのです。これは諸仏の称名を通して阿弥陀自身の声を聞くという構造であります。阿弥陀自身の招喚の命令を聞くということが「南無阿弥陀仏」ということの中にあるわけです。

「言葉が、なぜそんなことが大事なのか」とたまに訊かれます。以前に、大谷大学の講堂にお客さんを招待して、「ここが私の大学で一番大事な場所です。講堂と言っていますが、西洋の学校で言えば礼拝堂に当たります」と話をしたら、「前にあるのは何ですか？」と訊かれました。「ご本尊です」というふうに説明しましたけれども、字が書いてあるので、「石に刻んである字が何で大事なのですか？」と言われました。しかし、単なる文字ではなく、呼びかけの言葉であり声なのです。

ここまでずっとお話してきましたが、「南無阿弥陀仏」とは、「阿弥陀に帰命してください」「阿弥陀の世界を大事に生きてください」という呼びかけの言葉なのです。この言葉を通さないと私たちは、勝ったか負けたか、得か損か、そういう世界にずっぽりと埋没してしまうという在り方を免《まぬが》れないのです。その上で阿弥陀の名を通して、言葉を通して阿弥陀の世界に出遇い続けていく。これが「南無阿弥陀仏」という言葉の意味であり、それを称えることの意義だと申しあげたいのです。

五　念仏の利益

■仏の呼びかけが開く生き方

その念仏によって何が与えられるのか。これは伝統的には「念仏の利《り》益《やく》」と言うべきかと思いますが、「仏の呼びかけが開く生き方」とも言えると思います。

『教行信証』「行巻」に親鸞聖人がまとめの位置においている言葉をいくつか紹介したいと思います。

しかれば、大悲の願船に乗じて光明の広海に浮かびぬれば、至徳の風静かに衆禍《しゅか》の波転ず。すなわち無明《むみょう》の闇《あん》を破し、速《すみ》やかに無量光明土に到《いた》りて大般涅槃《だいはつねはん》を証す、普賢《ふげん》の徳に遵《したが》うなり。知るべし、と。

（『行巻』、真宗聖典一九二頁）

念仏によって、我々は阿弥陀仏の大悲の船に乗ると書いてあります。一人ももらさないということを船にたとえています。どんな者も、溺れさせない、海に沈ませないのです。

「光明の広海」というのは、ものが見える世界でしょうね。私たちは日頃見ているつもりで、役に立つか立たないか、敵か味方かと瞬時に判断しています。それは本当には見えていないということになるわけです。

本当の存在の意味を照らし出す。これが「光明の広海に浮か」ぶということです。そこに「至徳の風」が静かに吹いている。「衆禍の波転ず」、これは大事な言葉です。「衆禍」というのはたくさんの禍《わざわい》です。

現在も新型コロナウイルスに対しては「コロナ禍《か》」と言って、「禍」という字が使われています。何気なく使っていますが、そのうちに私たちにとって単なる邪魔者というようなイメージが定着しますよね。もちろんコロナがうれしいとは誰も思いません。しかし、今回の経験を通して見えてきた大事なことがあるとすれば、コロナの問題は単なる邪魔者というわけではないのです。ただ元に戻ればいいというわけではなくて、それを通して新たな生き方がスタートするはずです。コロナを縁として、そこから見えてくることがあって、「あの経験は大事だったなぁ」と言えたら、単なる禍ではないのです。

これが「衆禍の波転ず」です。禍がなくなるのではなく、意味が変わるわけです。親鸞聖人の別の言葉では「悪を転じて徳と成す」とか「悪を転じて善と成す」もあります。「転ずる」というのが念仏の利益です。

そして、仏教で長らく究極の覚りと言われてきた「大般涅槃《だいはつねはん》」が、愚かな凡夫の上にも成り立つということを親鸞聖人は語ります。特別な修行をした者だけでなくて、誰の上にも成り立つということを語ります。

最後に、傍線部分「普賢《ふげん》の徳に遵《したが》うなり」とあります。「普賢」というのは普賢菩薩という菩薩の名前で、慈悲を代表する、慈悲のはたらきを象徴するお名前です。対になるのが文殊《もんじゅ》菩薩でして、この方は智慧をあらわします。普賢と文殊は、大乗仏教では非常に大事なお名前なのです。「普賢の徳」は慈悲です。人間の心から出てくるはずのない心だと言ってもいいです。いつも自分がどれだけ得をするかという自分の利害しか考えていない人間が、相手のことや人間以外の一切有情《うじょう》のことに目が向くようになる。そういう世界をいただくのが「念仏の利益」だと言っているわけです。

起こるはずのないようなものの見方、いのちの見方を賜《たまわ》る。これが「念仏の利益」だと言われていると思います。

■真の仏弟子

それを親鸞聖人は「真の仏弟子」というかたちで、「信心の利益」として『教行信証』「信巻《しんのまき》」に語ります。一応は「信心の利益」なのですけれども、念仏を通して阿弥陀に出遇ったところに与えられる利益という意味では、ここでは「念仏の利益」の中に入れてお話したいと思います。

また、法を聞きてよく忘れず、見て敬い得て大きに慶《よろこ》ばば、すなわち我が善き親友《しんぬ》なり、と言《のたま》えりと。

（「信巻」所引『大無量寿経』、真宗聖典二四五頁）

これは、お釈迦様が『大無量寿経』の中で語っておられるお言葉です。

仏法を聞いてよく忘れず、仏を見て敬い、それから得たものを大きに慶ぶならば、私の善き友であると言っています。私の「弟子」とはおっしゃっていません。「我が善き親友」、釈尊が「友」と呼びかけてくださる。釈尊を、生きていく上での「友」として歩んでいくということが我々に与えられるのです。

生きる現場はそれぞれ厳しい孤立した状況かもしれませんが、そこにお釈迦様もこうだったとか、親鸞聖人もこうだったとかということを念ずることができれば、我々はすでにこの世に存在しない亡き方ともつながっていくことができます。孤軍奮闘しているようでも、支えてくださる力を亡き方からいただくということもあり得ます。

釈尊から「善き友」と呼びかけられる、つまり仏法に生きていく、阿弥陀の世界を生きていくことの大事さ、それをここまで讃めてくださっている言葉なのです。

もう一つ、これは『観無量寿経』のお言葉です。

また言《のたま》わく、もし念仏する者《ひと》は、当《まさ》に知るべし。この人はこれ人《にん》中《じゅう》の分陀利華《ふんだりけ》なり、と。

（「信巻」所引『観無量寿経』、真宗聖典二四六頁）

「分陀利華」というのはインドの「プンダリーカ（puṇḍarīka）」とい

う言葉の音写語（音を写した言葉）で、意味は白い蓮の花、白蓮華のことです。白い蓮の花というのは、泥の中から咲いてその泥の色に染まらないという意味で、覚りの象徴としてよく使われるのです。大事なのは、泥を大地として咲いていることです。泥を捨ててしまって、どこか自分だけきれいなところに行くという、そんな花ではありません。ドロドロとした現実の真っただ中で仏法の覚りの花を咲かせる。これが「分陀利華」というふうに言われるのです。

　ここでは、念仏する者はまさに「人中の分陀利華」であると言っているわけです。「人中の分陀利華」は様々に解釈することができると思いますが、いろいろな人がいる中で覚りの花を咲かせた特にすごい人、ともとれないことはないと思います。その場合、教えをいただいて阿弥陀の世界を生きていくという大事なことを輝かせてくださる、覚りの花に象徴されます。ただ私は、「人中」というのは咲く場所を言っていると思います。高原のきれいなところで高嶺の花として咲くのではなくて、ドロドロとした現実の真っただ中で咲くわけです。

これを親鸞聖人は、「弥勒に同じ」とまで言い切っていきます。前にも少しふれましたが、弥勒菩薩は、お釈迦様が未来の衆生を頼むぞと託していった方です。いろいろな経典の中で、弥勒菩薩がお釈迦様の次に仏になるということが説かれますので、弥勒菩薩があらわれてくれたら、この世の中が良くなるのではないかという弥勒信仰が親鸞聖人の時代にはとても盛んだったのです。

ただ、これは八百年前の話ではないと思います。現代でも問題が入り組んでくると、それをスパッと整理してくれる専門家はいないのかということになる。もっと言えば、世の中を救ってくれる救世主はいないのかということになる。ですから弥勒を待ち望む信仰というのは、一言で言えば「救世主待望論」だと思います。それが悪いとは言いませんが、いつになったらあらわれるのか分からないですね。

厳しい現実がそのままという時に親鸞聖人は、念仏する人は弥勒と同じ、つまり五十六億七千万年の後にあらわれる弥勒の役割が、実は今念仏しているその人の上にあるのだということを言ってくださる。はっきり言えば「弥勒信仰」との決別であります。

英雄や救世主を待ち望むのではなくて、一人ひとりが阿弥陀を念じてどう生きるか見定めていく。そこに「分陀利華」が咲くのです。これは、偉い人間になったという話ではありません。自分の思いや分別を中心にすれば、あっという間に好きか嫌いか、得か損かということに飲み込まれてしまう。でも阿弥陀を念ずるその時だけ、阿弥陀の世界の大事さをいただきながら、この現実の真っただ中で生きていけるということが起こる。こんなふうに申しあげたいのです。

おわりに

主題として掲げました「念仏は人間に何を与えるのか」の結論ですが、いよいよ教えを聞いて生きていく人間が誕生すると言いたいと思います。あるいは法然上人のお言葉をとれば、いよいよ念仏して生きる人間が生まれると言いたいと思います。

ある時、「念仏したらどうなりますか」という質問をいただきました。「いよいよ念仏する人間が生まれます」、「いよいよ教えを聞いていく人間が生まれます」と答えましたら、「はぁ?」と言われました。劇的に現実が変わるとか、本人が超人になるようなイメージを持っておられる方は「それだけですか？」というふうに言われます。しかし、「それだけですか？」と言われる利益が私はとても大事だと思います。

一人ひとりが物差しで量れない阿弥陀の世界を念じて、この世の中の現実と向き合っていく。そこに分陀利華という花にたとえられるような生き方が与えられるわけです。その意味で、「念仏は人間に何を与えるのか」と問われれば、私たちに「生き方」を与えてくださると答えたいと思います。どんな生き方かと言えば、様々なかかわりの中で、仏の眼《まなこ》、「普賢の徳」と言われる慈悲の心、それをいただきながら生きていくような人間が生まれると言いたいと思います。

現実から逃げ出すのではなくて、現実の真っただ中で生きていく。生きている現場は一人ひとりバラバラかもしれませんが、決して孤立してはいない。自分に先立って生きられたたくさんの諸仏、阿弥陀の世界を大事に生き、その世界を勧めてこられた方々の生き方を念じながら、その声に励まされながら生きていくということです。たくさんのかかわりをもって生きることが始まるということであります。

あとがき

本書は、大谷学会発行の『大谷学報』第一〇一巻第一号（二〇二一年十月二十七日発刊）所収、一楽真氏による二〇二一年度春季公開講演会講演録「念仏は人間に何を与えるのか―親鸞を通して考える―」を書籍化したものです。

本書の中で一楽氏は、コロナウイルスの蔓延という危機的状況にあって、はたして念仏は私たち人間に何を与えるのかという現実的課題を、経典の文言を通して丁寧に問い尋ねてくださっています。そして、「南無阿弥陀仏」は阿弥陀の世界を大事に生きて欲しいという仏からの呼びかけであり、その声が聞こえるところに、煩悩の身はそのままで、苦難の現実の中でもいよいよ教えを聞き生きる人間が誕生することを示してくださいました。

本書が一人でも多くの方にとって、現実生活のただ中で念仏をいただくご縁となることを願っています。

最後に、本書の発行にあたり、ご許可を賜りました大谷学会の皆様、またご多忙の中、編集にご協力いただきました一楽真氏に心より御礼を申し上げます。

二〇二二年六月

東本願寺出版

著者略歴

一楽　真（いちらく　まこと）

1957（昭和32）年生まれ。大谷大学卒。現在、大谷大学学長。小松教区宗圓寺住職。専門は真宗学。著書に『親鸞聖人に学ぶ―真宗入門』『この世を生きる念仏の教え』『親鸞の教化―和語聖教の世界』『釈尊の呼びかけを聞く　阿弥陀経入門』（以上、東本願寺出版）、『四十八願概説―法蔵菩薩の願いに聞く』『大無量寿経講義―尊者阿難、座より起ち』（以上、文栄堂）、『日本人のこころの言葉　蓮如』（創元社）など多数。

念仏《ねんぶつ》は人間《にんげん》に何《なに》を与《あた》えるのか

2022（令和4）年7月15日 第1刷発行

著　者　一　楽　真

発行者　木　越　渉

発行所　東本願寺出版
（真宗大谷派宗務所出版部）

〒600-8505　京都市下京区烏丸通七条上る
TEL 075-371-9189（販売）
075-371-5099（編集）
FAX 075-371-9211

表紙デザイン　ツールボックス

印刷・製本　凸版印刷株式会社

ISBN978-4-8341-0655-8　C0215